AF232302

L'EMPEREUR

A

GRENOBLE.

1815 - 1852.

GRENOBLE.

IMPRIMERIE DE F. ALLIER PÈRE ET FILS.

—

1852.

AVERTISSEMENT.

Le Prince Louis-Napoléon honore de sa présence le département de l'Isère, déjà si riche en nobles souvenirs. Quel moment pouvait être mieux choisi pour retracer le plus émouvant épisode de ce retour de l'île d'Elbe, où l'on vit triompher d'une manière éclatante, dans la personne de l'Empereur, la volonté nationale qui fonde seule la véritable légitimité ?

La France ne vient-elle pas de manifester sa pensée par l'organe de ses conseils généraux et par l'impulsion irrésistible qui précipite les populations sur les pas du glorieux héritier de l'Empereur ? Dans ce mouvement patriotique, la part du département de l'Isère est une des plus belles. Les vœux de son conseil général, de ses quatre conseils d'arrondissement et de *quatre cents* de ses conseils municipaux ont témoigné clairement que le pays veut revenir à ce Gouvernement impérial qui lui ouvrit au commencement de ce siècle une ère féerique de prospérité, de puissance et de grandeur.

Vive l'Empereur ! criaient nos pères ; et nous, qu'anime la même croyance, nous que pénètre une reconnaissance sans bornes pour l'homme providentiel qui porte aujourd'hui si dignement le plus grand nom des temps modernes, nous crierons à notre tour, avec un élan unanime :

Vive Louis-Napoléon ! Vive l'Empereur !

L'EMPEREUR A GRENOBLE.

1815-1852.

La famille des Bourbons était replacée depuis un an sur le trône de France par la protection de huit cent mille baïonnettes étrangères, et déjà ce trône vacillait sur sa base; les prétentions rétrogrades d'un entourage avide et intelligent, l'impopularité qui s'attachait à ce règne né de l'invasion, l'inquiétude du peuple et de la foule immense des acquéreurs de biens nationaux, menacés dans leurs droits si chèrement conquis, dans leurs personnes et dans leurs biens, entretenaient une agitation générale qui présageait de graves événements, et dont l'apparente sécurité du pouvoir établi faisait ressortir le contraste.

Tout-à-coup on apprit que l'Empereur, quittant hardiment l'île d'Elbe, pour n'être pas arraché par la mauvaise foi des puissances de ce dernier asile que lui garantissaient cependant des traités solennels, avait débarqué au golfe Juan, avec les débris de sa garde.

Le Gouvernement ne voulut pas d'abord divulguer cette terrifiante nouvelle. Mais, pressé par la nécessité, il convoqua brusquement les Chambres, sans même fixer le jour de leur réunion, car il sentait que le temps, l'espace, l'heure même lui manquait. L'ordonnance n'était pas motivée. Seulement, une autre proclamation royale déclarait Napoléon Bonaparte traître à la patrie pour s'être « introduit à main armée dans » le département du Var. » Il était enjoint à tous les gouverneurs, commandants de la force armée, gardes nationales, autorités civiles et même aux simples citoyens de lui *courir sus* (1), de l'arrêter et de le traduire devant un conseil de guerre, qui, après avoir reconnu l'identité « provoquerait » contre lui l'application des peines prononcées par la loi. » En d'autres termes, Napoléon, arrêté, devait être sur-le-champ mis à mort, sans autre formalité que la constatation de l'identité de sa personne.

Des mesures militaires formidables étaient en même temps dirigées contre lui; les maréchaux chargés du gouvernement des divisions militaires reçurent l'ordre de se rendre à leur poste, et *Monsieur*, frère du roi, partit précipitamment pour Lyon, où il arriva dans la soirée du 7 avec le duc d'Orléans et le maréchal Mac-Donald, duc de Tarente.

Le gouvernement affectait une contenance fière et assurée; il représentait l'armée de l'île d'Elbe comme déjà décimée par la révolte et la désertion; « les soldats de Bonaparte, » disait le *Moniteur* du 8, vendent leurs cartouches et aban- » donnent leurs armes. » Des lettres de Grenoble racontaient qu'au moment où la nouvelle du débarquement s'était répandue dans la ville, un grand nombre d'habitants s'étaient portés à l'état-major de la garde nationale pour se faire inscrire sur les contrôles et faire le service actif; que la cocarde

____

(1) *Moniteur* du 7 mars 1815.

blanche avait été spontanément reprise, et les cris de *Vive le Roi* poussés de toutes parts. Le lieutenant-général Marchand écrivait au ministre de la guerre qu'il avait rassemblé chez lui les officiers généraux et supérieurs de la garnison pour leur faire part de la nouvelle; tous étaient, disait-il, animés du meilleur esprit, et l'on pouvait compter entièrement sur eux. Le lieutenant-général baron Mouton-Duvernet venait de passer à Grenoble se rendant dans les Hautes-Alpes, et le général Marchand attendait ses rapports pour agir.

« Le Gouvernement, ajoutait-il, peut compter que nous » sommes tous pénétrés de l'importance d'un pareil événe- » ment et que nous ferons tous notre devoir. »

Et le *Moniteur*, après avoir publié ces diverses nouvelles, faisait connaître que S. A. R. Mgr le duc de Berry, *recevrait les dames* au château des Tuileries, le 9 mars au soir.

Le 9 mars au soir, pendant que S. A. R. *recevait les dames*, l'Empereur couchait à Bourgoin. Le lendemain, dispersant l'armée royale par sa seule présence, il occupait Lyon.

Comment s'était accomplie cette révolution inouïe, la page la plus miraculeuse de nos annales?

L'Empereur s'était montré. Le patriotisme des Dauphinois avait fait le reste.

Reprenons le récit de ces événements.

Parti de l'île d'Elbe le 26 février, à cinq heures du soir, l'Empereur échappant aux croisières anglaises et françaises, entra dans le golfe Juan le 1er mars à trois heures de l'après-midi. Quatre cents hommes de sa garde, deux cents hommes d'infanterie, cent chevau-légers polonais, un bataillon de deux cents flanqueurs, en tout neuf cents hommes, compo-saient son armée. C'est avec cette poignée de combattants qu'il allait prendre corps à corps un Gouvernement qui dis-posait de toutes les forces du pays. Mais du haut des rochers de l'île d'Elbe, il avait vu la France humiliée, le peuple des campagnes opprimé, l'armée attaquée dans sa gloire, et comme il avait abdiqué pour épargner à la patrie d'irréparables désastres, de même il s'était dévoué encore pour le salut de tous.

Son coup d'œil d'aigle ne l'avait pas trompé. Une commotion électrique ébranla le sol national au moment où il y mit le pied. Du golfe Juan il se dirigea sur Cannes, de là sur Grasse, et dans la soirée du 2, il arrivait au petit village de Cérénon. Le 3, il coucha à Barême; le 4, à Digne. Le 5, le général Cambronne, avec quarante grenadiers, s'empara du pont et du fort de Sisteron.

Le gouvernement de Louis XVIII fut dès lors éclairé sur sa marche, et prit des mesures pour l'arrêter avant qu'il ne pût atteindre Grenoble.

Le département de l'Isère, qui formait alors, avec celui du Mont-Blanc, la première subdivision de la septième division militaire (1) était commandé par le lieutenant-général comte Marchand. Les deux autres départements (Hautes-Alpes et Drôme) composaient la seconde subdivision, sous les ordres du général Mouton-Duvernet. Les deux généraux se concertèrent. De deux choses l'une : ou l'Empereur marcherait sur Grenoble, ou bien il se porterait vers la gauche pour éviter cette place réputée inexpugnable, et traverser l'Isère soit à Romans, soit à Valence. Ils calculèrent leurs mesures d'après cette alternative, et concentrèrent leurs troupes d'une

(1) Une explication est ici nécessaire pour l'intelligence de ce récit. Les divisions militaires devinrent sous la première restauration autant de gouvernements honorifiques pour les maréchaux de France; et par une combinaison singulière du maréchal Soult, alors ministre de la guerre, et que l'infortuné maréchal Ney, signala dans sa défense devant la cour des pairs, le commandement effectif fut scindé entre deux lieutenants généraux. Au mois de mars 1815, le poste de gouverneur de la première division militaire était vacant. Les généraux Marchand et Mouton-Duvernet exerçaient la plénitude du commandement dans leur subdivision respective.

part sur Grenoble, de l'autre sur Valence, pour être en force sur les deux points où l'Empereur pouvait les attaquer.

Pendant qu'ils s'occupaient de lui barrer le passage, un mouvement analogue s'organisait sur ses derrières et sur ses flancs.

Le général Morangier, commandant le département du Var, réunissait à Fréjus la garnison de Draguignan et les gardes nationales des communes environnantes. Par les ordres de Masséna, prince d'Essling, gouverneur de la huitième division militaire, le général Miollis, qui commandait à Marseille, se dirigeait par Aix avec un corps d'armée sur Gap, où il arriva le 8 et fit sa jonction avec les troupes du général Rostolan, commandant des Hautes-Alpes. Ces troupes assurèrent leur communication d'un côté avec Embrun, de l'autre avec la vallée de la Durance, défendue par les gardes nationales royalistes. Elles coupaient ainsi la route de l'expédition et les communications avec la mer.

Enfermé dans un cercle étroit, qui tous les jours allait se circonscrire davantage, n'ayant pour issue que les défilés périlleux qui conduisent des Hautes-Alpes à la vallée de l'Isère dominée et fermée par une place de guerre de premier ordre, on crut Napoléon perdu. On comptait sans son génie, sans son héroïsme, sans l'amour de l'armée et sans l'enthousiasme du peuple.

Le 6, à deux heures de l'après-midi, l'Empereur partit de Gap, et la population tout entière le salua au passage.

Voyant le petit nombre de ses soldats, les habitants de Saint-Bonnet voulaient sonner le tocsin, réunir les villages voisins et se précipiter en masse sur les pas de l'Empereur. « — Non, mes amis, dit Napoléon, vos sentiments me font » connaître que je ne me suis pas trompé. Ils sont pour moi » un sûr garant des sentiments des soldats. Ceux que je rencontrerai se rangeront de mon côté; plus ils seront, plus

» mon succès sera assuré. Restez donc tranquilles chez
» vous. »

On avait imprimé à Gap plusieurs milliers de proclamations adressées par l'Empereur à l'armée et au peuple, et une adresse des soldats de la garde à leurs camarades de l'armée. Ces proclamations se répandaient dans tout le Dauphiné et précédaient avec la rapidité de l'éclair la marche de l'Empereur.

Élevé au trône par votre choix, disait Napoléon au peuple, tout ce qui a été fait sans vous est illégitime. Depuis vingt-cinq ans la France a de nouveaux intérêts, de nouvelles institutions, une nouvelle gloire, qui ne peuvent être garantis que par un gouvernement national et par une dynastie née dans ces nouvelles circonstances. Un prince qui règnerait sur vous, qui serait assis sur mon trône par la force des mêmes armées qui ont ravagé notre territoire, chercherait en vain à s'étayer des principes du droit féodal, il ne pourrait assurer l'honneur et les droits que d'un petit nombre d'individus ennemis du peuple qui, depuis vingt-cinq ans, les a condamnés dans toutes nos assemblées nationales. Votre tranquillité intérieure et votre considération extérieure seraient perdues à jamais.

Français, dans mon exil, j'ai entendu vos plaintes et vos vœux; vous réclamiez ce gouvernement de votre choix qui seul est légitime; vous accusiez mon long sommeil, vous me reprochiez de sacrifier à mon repos les grands intérêts de la patrie. J'ai traversé les mers au milieu des périls de toute espèce, j'arrive parmi vous reprendre mes droit qui sont les vôtres.

Puis s'adressant à l'armée :

Soldats ! s'écriait l'Empereur, venez vous ranger sous les drapeaux de votre chef; son existence ne se compose que de la vôtre; ses droits ne sont que ceux du peuple et les vôtres; son intérêt, son honneur, sa gloire, ne sont autres que votre intérêt, votre honneur et votre gloire. La victoire marchera au pas de charge; l'Aigle, avec les couleurs nationales, volera de clocher en clocher jusqu'aux tours de Notre-Dame; alors vous pourrez montrer avec honneur vos cicatrices; alors vous pourrez vous vanter de ce que vous aurez fait ; vous serez les libérateurs de la Patrie.

Ces paroles brûlantes de patriotisme et de génie retentirent dans tous les cœurs. L'enthousiasme qu'inspirait la présence de Napoléon au milieu des populations rurales faisait assez comprendre quel était le vœu du Dauphiné, quel était le vœu de la France.

Pendant ce temps, le général Marchand faisait ses préparatifs de défense ; la garnison de Grenoble, composée du 5ᵉ régiments de ligne, du 3ᵉ régiment du génie et du 4ᵉ régiment d'artillerie avait été renforcée des 7ᵉ et 11ᵉ de ligne venus de Chambéry, et du 4ᵉ régiment des hussards appelé précipitamment de Vienne.

Mais les hussards n'avaient cessé d'appartenir de cœur au drapeau tricolore ; mais l'ardent Labédoyère commandait le 7ᵉ de ligne ; mais le régiment du génie était composé de 2,000 sapeurs tous vieux soldats, couverts d'honorables blessures ; mais le 5ᵉ de ligne avait combattu sous les ordres de l'Empereur dès ses premières campagnes d'Italie ; mais le 4ᵉ d'artillerie était ce même régiment où vingt-cinq ans auparavant l'Empereur avait été fait capitaine.

Le général Marchand agit néanmoins en homme sûr de ses troupes, et forma une division de six mille hommes dont il dirigea l'avant-garde à la rencontre de l'Empereur. Cette avant-garde, composée d'un bataillon du 5ᵉ de ligne, d'une compagnie de sapeurs et d'une compagnie de mineurs, en tout sept à huit cents hommes, marcha droit sur la Mure.

L'Empereur était à Corps, où il avait passé la nuit. Sur le champ, il distribue sa petite armée en trois colonnes : l'une formée des quarante grenadiers du général Cambronne, c'était l'avant-garde ; la seconde marche avec l'Empereur ; la troisième, dite bataillon corse, sert d'arrière-garde. Puis le colonel Laborde est détaché sur la Mure avec quatre-vingts hommes pour assurer les logements.

En y arrivant, il y rencontre un adjudant qui, de son côté, venait faire le logement du bataillon du 5e. La présence de l'armée impériale est signalée et le bataillon prend position à une portée de fusil de la Mure. Le général Cambronne survient alors et tente vainement de s'aboucher avec le commandant du bataillon.

Le voyant même s'ébranler et se disposer à tourner la Mure pour occuper le pont de Ponthaut et couper ainsi la route de l'Empereur, il sort brusquement de la Mure et s'empare lui-même du pont. Le résultat immédiat de cette manœuvre fut de faire rétrograder de trois lieues le bataillon du 5e.

Le lendemain, 7 mars, à neuf heures du matin, l'Empereur franchit le pont de Ponthaut. La tête de sa colonne était commandée par le colonel Mallet, sa droite protégée par les lanciers polonais du colonel Germanowski et sa gauche par les officiers sans troupe que commandait le major Pacconi. Il put dépasser librement la Mure, Pierre-Châtel et les trois lacs de Laffrey. Mais, parvenu au sommet de la rampe assez raide qui mène du hameau de Petitchat au village de Laffrey, Napoléon aperçut devant lui les troupes royales, que venait de renforcer une compagnie d'artillerie aux ordres du chef d'escadron Tournade, chargé, mais trop tard, de faire sauter le pont de Ponthaut, et dont la position interceptait complètement la route.

L'Empereur donne l'ordre aux grenadiers de mettre l'arme au bras, la baïonnette au bout du canon; il descend de cheval et continue sa marche, puis, par un à droite, il prend position dans une prairie à peu de distance de l'armée royale.

Les hauteurs étaient couvertes de paysans venus des environs, qui criaient Vive l'Empereur! Quelques-uns réussirent, malgré les officiers, à distribuer aux soldats les pro-clamations de Gap.

Un officier d'ordonnance de l'Empereur, le commandant Roul, essaie inutilement de faire connaître aux troupes opposantes la présence de l'Empereur. Cet officier ne peut se faire entendre ; on lui oppose la consigne absolue qui défend toute communication.

L'instant était critique ; un moment d'hésitation pouvait tout perdre ; un coup de feu parti par imprudence ou par colère allumait l'ardeur du soldat. Malheur à qui ferait couler le sang français !

Les rangs de la garde s'ouvrirent et l'Empereur s'avança seul, calme, magnanime, héroïque.

La nature elle-même donnait à cette scène un caractère d'imposante solennité. Le temps était triste, le ciel gris, le givre étincelait sur les branches dépouillées des arbres, et la terre durcie par la gelée donnait au moindre bruit une étrange sonorité.

Pas une des paroles de l'Empereur ne furent perdues :

« Soldats, dit-il de sa voix retentissante comme le clairon » des batailles, je suis votre Empereur ; ne me reconnaissez-» vous pas ? S'il en est un parmi vous qui veuille tuer son » général, le voilà. »

Un immense cri de « Vive l'Empereur ! » sortit de toutes les poitrines. Les rangs s'ouvrirent ; la garde, les soldats, les paysans confondirent leurs rangs ; l'Empereur fut entouré, pressé ; on l'embrassait, on baisait ses mains, ses épaules, sa redingote grise. Dans ce tumulte enthousiaste, Napo-léon reconnut un vieux sergent qui avait fait la cam-pagne d'Égypte. — « Eh bien ! vieux drôle, dit-il en » tirant familièrement la longue moustache blanche du » grognard, c'est donc toi qui voulais tuer ton Empereur ?

» — Sire, dit le sergent la larme à l'œil et faisant sonner
» sa baguette dans son fusil, tu vois bien qu'*elle* n'était pas
» chargée. »

Les soldats du 5e arrachèrent la cocarde blanche et se pa-
rèrent avec enthousiasme de cocardes tricolores pieusement
conservées dans un tambour que l'on creva. Ces braves
riaient, pleuraient et ne pouvaient se rassasier de la vue de
leur Empereur.

Lorsque l'émotion fut un peu apaisée et qu'ils eurent
reformé leurs rangs, l'Empereur leur dit :

Je viens avec une poignée de braves, parce que je compte sur le peuple
et sur vous ; le trône des Bourbons est illégitime, puisqu'il n'a pas été
élevé par la nation ; il est contraire à la volonté nationale, puisqu'il est
contraire aux intérêts de notre pays, et qu'il n'existe que dans l'intérêt
de quelques familles. Demandez à vos pères ; interrogez tous ces habitants qui arrivent ici des environs ; vous apprendrez de leur propre
bouche la véritable situation des choses ; ils sont menacés du retour des
dîmes, des priviléges, des droits féodaux et de tous les abus dont vos
succès les avaient délivrés ; n'est-il pas vrai, Paysans ? — Oui, Sire,
répondirent-ils d'un cri unanime, on voulait nous attacher à la terre ;
vous venez comme l'ange du Seigneur pour nous sauver (1).

La tradition populaire rattache à ce court mais immortel
passage de l'Empereur dans le pauvre village de Laffrey, une
anecdote touchante. On raconte que, pressé d'une soif ar-
dente, l'Empereur entra dans une chaumière, où, de-
meurée étrangère à l'agitation du dehors, une vieille
femme se trouvait seule et filant son rouet. Le nom de l'Empereur venait cependant de retentir jusqu'à elle. « Ah ! s'écria
la bonne vieille comme par une sorte de pressentiment, ah !
si du moins je pouvais le voir une fois avant de mourir, lui
baiser la main et lui dire de nous ôter les droits réunis ! »

______

(1) *Moniteur* du 25 mars 1815.

L'Empereur, ému, essuya une larme et sortit en lui laissant quelques pièces d'or.

Cependant les braves du 5e demandaient à marcher des premiers sur la division qui couvrait Grenoble. Le chef d'escadron Tournade, qu'une fraternelle accolade de son vieux camarade le général Bertrand venait de rendre tout entier à la cause impériale, s'associait avec ses artilleurs à cet élan fougueux. Tout-à-coup arrive à cheval un jeune homme de Grenoble, M. Dumoulin; il venait offrir à l'Empereur sa fortune et son bras, et lui garantir la fidélité de sa bonne ville de Grenoble. On se mit en marche au milieu de la foule de paysans qui s'augmentait de minute en minute.

Vizille se distingua par son enthousiasme. « C'est ici qu'est née la révolution, disaient ces braves gens; c'est nous qui les premiers avons osé réclamer les priviléges des hommes; c'est encore ici que ressuscite la liberté française, et que la France recouvre son honneur et son indépendance. »

Quelque fatigué que fût l'Empereur, il voulut entrer le soir même dans Grenoble. Sur la route d'Eybens, un jeune adjudant-major du 7e de ligne vint annoncer que le colonel Labédoyère, profondément navré du déshonneur qui couvrait la France, et déterminé par les plus nobles sentiments, s'était détaché de la division de Grenoble, et venait avec le régiment au pas accéléré, à la rencontre de l'Empereur. Une demi-heure après, ce beau régiment vint doubler la force des troupes impériales; à neuf heures du soir, l'Empereur fit son entrée dans le faubourg Saint-Joseph.

On avait fait rentrer les troupes dans Grenoble et les portes de la ville étaient fermées. La garnison couvrait les remparts; derrière elle, apparaissaient la garde nationale et la population entière qui faisaient retentir les cris de « Vive l'Empereur. » Des signes d'intelligence, des vivat s'échangeaient entre la foule immense des assiégés et la petite troupe des assiégeants. Bientôt le 5e de ligne ne put se contenir, et l'on vit les soldats, se servant de leurs fusils comme d'échelles, se laisser glisser le long des remparts pour rejoindre leurs camarades. On s'appelait, on se donnait la main par les guichets, mais on n'ouvrait pas, parce que les chefs en avaient donné l'ordre et qu'on ne voulait pas désobéir. Il fallut que les habitants du faubourg Saint-Joseph et la foule qui suivait l'Empereur enfonçassent la porte de Bonne à coup de hache et avec des poutres pour se faire une issue.

Napoléon entra dans Grenoble avant 10 heures du soir. Au même instant, le général Marchand quittait la ville par la porte de France. Le baron Fourrier, préfet de l'Isère, était furtivement parti quelques heures auparavant. En moins d'une journée, l'amour et le dévouement des Dauphinois venaient de donner à l'Empereur, avec la première place forte du territoire, un arsenal immense, une armée, les clefs de Lyon et la route de Paris.

A peine l'Empereur eut-il franchi la porte de Bonne, que les soldats, dans le délire de la joie, se précipitèrent sur lui, au point de l'enlever lui et son cheval, le portèrent en quelque sorte jusqu'à l'hôtel des Trois-Dauphins, tenu par M. Labarre, et qui existe encore au coin des rues Montorge et Bressieux. Au moment où Napoléon commençait à se remettre, un redoublement de tumulte se fit entendre : c'était les portes de la ville que les habitants apportaient sur leurs épaules, à défaut des clefs qu'on n'avait pu lui présenter.

Nous citerons ici un trait qui prouve à quel point l'Empereur, toujours pareil à lui-même dans les plus graves conjonctures, avait la mémoire du cœur. Dans cette même soirée, il fit chercher et amener devant lui un des plus honorables citoyens de Grenoble, M. Dupuy père, qui avait été son professeur à l'école d'artillerie de Valence. M. Dupuy vint avec son fils, M. Dupuy de Bordes, qui servait alors avec la plus grande distinction dans le 4e d'artillerie. L'entrevue fut touchante. Napoléon embrassa tendrement son vieux professeur, dont l'image vénérable était toujours restée gravée dans sa mémoire. MM. Dupuy père et fils sortirent de l'hôtel des Trois Dauphins officiers de la Légion d'honneur.

Le lendemain l'administration fut reconstituée, le général baron de Lasalcette promu au commandement de la 7e division militaire, le conseiller de préfecture Coland-de Lasalcette, nommé préfet par intérim. La garde nationale reconstituée fut confiée au commandement du major Falcon. L'Empereur travailla toute la matinée, et reçut le corps municipal, la cour impériale, le clergé, et les autres corps constitués. Il dévoilait lui-même le fond de toutes ses pensées en répétant : « Nous devons oublier que nous avons été les maîtres des nations, — mes droits ne sont que ceux du peuple. — Tout ce que des individus ont fait, écrit ou dit depuis la prise de Paris, je l'ignorerai toujours. » Il s'informa avec une sollicitude particulière de l'état des campagnes et dit à plusieurs reprises : « Je viens éloigner d'elles pour toujours, les souvenirs du régime féodal, du servage et de la glèbe, je ne leur apporte que des bienfaits. » (1) Napoléon passa ensuite une revue générale, qui dura depuis onze heures du matin jusqu'à quatre heures de l'après-midi ; la garde nationale, qui dès la veille avait, sur la proposition de M. Dumoulin, arboré les couleurs nationales, se distingua particulièrement par la vivacité de ses acclamations. Un incident caractéristique marqua cette partie de la revue qui avait lieu sur la place Grenette. Au milieu des rangs de la milice citoyenne, la figure martiale d'un capitaine frappa les yeux de l'Empereur : — « Je vous ai vu quelque part ! »

(1) *Journal de l'Isère* du 9 mars 1815.

dit-il, au garde national. — « Oui, Sire. » — « Où donc? — » En Italie, campagne de 1796. — Ah! c'est vrai! je me souviens. Vous étiez à la 32e demi-brigade. Et maintenant? » — « Notaire, Sire! » L'Empereur fronça le sourcil passa brusquement, laissant l'honnête M. R.... tout stupéfait du mauvais succès de sa dernière réponse.

Pendant ce temps, une adresse des habitants de Grenoble à l'Empereur était couverte de signatures; on la lui présenta le jour même; elle était ainsi conçue :

Sire,

Les habitants de Grenoble, fiers de posséder dans leurs murs le triomphateur de l'Europe, le prince au nom duquel sont attachés tant de souvenirs glorieux, viennent déposer aux pieds de Votre Majesté le tribut de leur respect et de leur amour.

Associés à votre gloire et à celle de l'armée, ils ont gémi avec les braves sur les événements funestes qui ont quelques instants voilé vos aigles.

Ils savaient que la trahison ayant livré notre patrie aux troupes étrangères, Votre Majesté, cédant à l'empire de la nécessité, avait préféré l'exil momentané aux déchirements convulsifs de la guerre civile dont nous étions menacés.

Aussi grand que Camille, la dictature n'avait point enflé votre courage et l'exil ne l'a point abattu.

Tout est changé : les cyprès disparaissent; les lauriers reprennent leur empire; le peuple français, abattu quelques instants, reprend toute son énergie. Le héros de l'Europe le replace à son rang; la la grande nation est immortelle.

Sire, ordonnez! vos enfants sont prêts à obéir; la voix de l'honneur est la seule qu'ils suivront.

Plus de troupes étrangères en France; renonçons à l'empire du monde, mais soyons maîtres chez nous.

Sire, votre cœur magnanime oubliera les faiblesses; il pardonnera à l'erreur; les traîtres seuls seront éloignés; et la félicité du reste fera leur châtiment.

Que tout rentre dans l'ordre et obéisse à la voix de Votre Majesté ; qu'après avoir pourvu à notre sûreté contre les entreprises des ennemis de l'extérieur, Votre Majesté donne au peuple français des lois protectrices et libérales , dignes de son amour envers le souverain qu'il chérit.

Tels sont , Sire , les sentiments des habitants de votre bonne ville de Grenoble ; que Votre Majesté daigne en agréer l'hommage.

Signé : Proby, notaire ; Jayet aîné, Pierre Falcon , Boissonnet , avocat ; Pierre Triolle, licencié en droit ; Ovide Lallemant, docteur en chirurgie : Blanc, notaire ; Laurent Breynat, avoué à la Cour ; Fournier-Chavasse , avoué à la Cour ; Trouillond , notaire ; Biot , Pellat, Allegret , Delaye , Rey, Pirard , Étienne Guérin , Helbe , capitaine de la garde nationale, V. Trouillond , Servoz , Gavin , Chevrier, Bailly, Lenoir, avocat ; Mouclert, docteur en médecine ; Blanc, Payra, capitaine, officier de la Légion d'honneur ; Dumoulin, officier d'ordonnance de S. M. ; Rey, chef de bataillon d'artillerie ; Penet , négociant ; Chevrier, avoué ; Robert , négociant ; Rivier, notaire , capitaine de la garde nationale ; Bigillion, greffier du tribunal : Frier, médecin ; Oddoz Bertrand : Guillot , avoué : Hache, Lagrange , Duport-Lavillotte , bâtonnier de l'ordre des avocats ; Breton , médecin ; Juvin, Brun , Dorel, Pison , Calvat, Marquis, Arnaud , Delille , Bilal , Buret aîné , Ferrand , avocat ; Blaise , Culet , Drevet , Duercs, avocat ; Gabour, avocat : Dupuis , Chabert-Maureau , Thevenet , Dufour, Perrin , Dufresne, Blanc , Duclos , Brunet , Mallet , Clerc , Benoît , Lavauden, major de la garde nationale ; Rey, capitaine de la garde nationale ; Quiquandon , Navizet, Charvet , maître de poste ; Reynaud , médecin , etc., etc.

RENAULDON, *maire* (1).

Immédiatement après la revue , la garnison de Grenoble se mit en marche forcée pour se porter à Lyon. Au moment de s'éloigner à son tour, l'Empereur fit à l'adresse des Dauphinois cette réponse qui , dans la postérité , sera l'un de leurs plus beaux titres de gloire.

Aux habitants du département de l'Isère.

Citoyens ,

Lorsque dans mon exil j'appris tous les malheurs qui pesaient sur la nation , que tous les droits du peuple étaient méconnus , et qu'il me

(1 *Moniteur* du 20 mars.

reprochait le repos dans lequel je vivais , je ne perdis pas un moment : je m'embarquai sur un frêle navire; je traversai la mer au milieu des vaisseaux de guerre de différentes nations ; je débarquai sur le sol de la patrie , et je n'eus en vue que d'arriver avec la rapidité de l'aigle dans cette bonne ville de Grenoble dont le patriotisme et l'attachement à ma personne m'étaient particulièrement connus.

Dauphinois ! vous avez rempli mon attente !

J'ai supporté, non sans déchirement de cœur, mais sans abattement , les malheurs auxquels j'ai été en proie il y a un an ; le spectacle que m'a offert le peuple sur mon passage m'a vivement ému. Si quelques nuages avaient pu arrêter la grande opinion que j'avais du peuple français, ce que j'ai vu m'a convaincu qu'il était toujours digne de ce nom de *grand peuple*, dont je le saluai il y a plus de vingt ans.

Dauphinois ! sur le point de quitter vos contrées pour me rendre dans ma bonne ville de Lyon, j'ai senti le besoin de vous exprimer toute l'estime que m'ont inspirée vos sentiments élevés. Mon cœur est tout plein des émotions que vous y avez fait naître ; j'en conserverai toujours le souvenir.

Signé : NAPOLÉON.

Par l'Empereur :

Le grand maréchal faisant fonctions de major général de la grande armée,

Signé : BERTRAND.

L'Empereur partit assez tard dans la journée du 9 , escorté de plus 8,000 hommes de troupes, et précédé d'un bataillon d'élite appelé le bataillon sacré, formé à la hâte et commandé par le jeune colonel Auguste Debelle, de la garde impériale. Il arriva vers huit heures du soir à Rives; le maréchal Bertrand, les généraux Drouot, Jannin, Martel et Bizannet l'accompagnaient. Il mit pied à terre au milieu des cris d'enthousiasme de la foule.

Le maire vint faire sa harangue; c'était un discours que

naguère encore il avait adressé au comte d'Artois pour le féliciter d'avoir chassé *l'usurpateur* et auquel il n'avait fait que des changements de noms : Assez ! assez, s'écrie bientôt Napoléon, impatienté de la loquacité de l'orateur ; et pour opposer une digue à sa fécondité, il fut obligé de lui faire diverses questions sur l'industrie agricole et manufacturière de la commune de Rives, à laquelle il promit sa protection spéciale.

On lui présenta quelques-uns des principaux du pays. Auprès de chacun il s'enquérait avec soin des intérêts de la localité ou d'intérêts qui les touchaient de plus près. « Vous êtes malheureusement dans votre partie, dit-il à un fabricant d'acier, en arrière d'un siècle des Anglais et même des Elbois que je quitte. »

A un fabricant de papier, il parla longuement du décret qu'il avait rendu jadis sur la prohibition des chiffons. « Votre industrie, ajouta-t-il, est d'autant plus intéressante qu'elle sert à transmettre à la postérité les fruits de la science et du génie » — « Et les merveilles de Napoléon » répliqua le fabricant » (1).

Le maire, qui était notaire, lui présente sa femme. « Combien avez-vous d'enfants ? — Point, Sire. — C'est dommage, monsieur, des enfants et quelques actes de moins tout en irait pour le mieux. »

Il put entrer enfin à l'hôtel de la Poste, où il fit le plus frugal repas ; un potage maigre, des pommes de terre et des châtaignes en composaient seuls l'ordonnance; mais ce que l'Empereur ne sut jamais, c'est que la servante qui le lui servit et qui lui changea son assiette de si bonne grâce, n'était autre qu'une des femmes les plus riches, les plus

---

(1) Nous empruntons ces anecdotes aux intéressants souvenirs de M. Augustin Blanchet, dont *l'Album du Dauphiné* a recueilli une partie.

élégantes et les plus honorées du pays. C'était la belle madame A. B., qui n'avait pas trouvé d'autre moyen de contempler de près l'Empereur et qui l'avait saisi avec la rapidité de conception et l'audace de volonté qui sont l'apanage de son sexe.

Après son diner l'Empereur reçut dans sa chambre. Jamais le maréchal Bertrand ne l'avait vu de si belle humeur.

« N'est-il point venu chez vous d'officier de l'armée royale, dit-il brusquement au maire. Il serait plaisant que le comte d'Artois, ce chevalier par excellence, voulût gagner ses éperons avec moi. Au reste, voilà ma plus belle campagne. *Le seul Moniteur* m'appelle en France et c'est avec six cents de mes grognards que je vais faire, sans brûler une amorce, le conquête du premier empire du monde. »

« Henri IV aurait bien dû la faire à ce prix, lui dit vivement un de ses voisins, la France et lui en eussent été bien plus heureux. »

« Oh ! certainement, répondit Napoléon, avec un sourire plein de bienveillance; j'ai donné, dit-il, et je devais la préférence à mon pays. Dans mon île j'ai reçu plusieurs députations de l'Italie, qui voulait que je fusse son roi. J'ai été le Prométhée de ce peuple autrefois de sbires et de capucins, car j'ai fait des hommes et des héros, dignes frères de mes braves. J'ai bien administré ce beau pays, et j'ai appris avec plaisir que le grand duc de Toscane, qui est un excellent homme, gouverne ses sujets d'après mes principes et mon code. »

Enfin Bertrand vint annoncer que la voiture était prête.

Il était minuit; les adieux furent touchants. L'Empereur promit aux Dauphinois de ne pas les oublier. — Vive Napoléon ! criait un meunier. — Est-ce au moins de bon cœur ?

— Oui, sacrebleu ! — Eh bien ! touche là ! et il lui tendit la main, puis monta en voiture.

Il arriva dans la nuit à Bourgoin, où il retrouva le baron Fourrier d'abord destitué, mais qui se justifia si complétement que l'Empereur le nomma sur-le-champ comte de l'Empire et préfet du Rhône.

Le soir même, l'armée royale était dissoute et l'Empereur faisait son entrée triomphale à Lyon.

Ici se termine le rôle du Dauphiné dans cette grande épopée des Cent Jours. C'en est assez pour l'histoire; elle dira qu'à ce jour mémorable du 7 mars 1815, le Dauphiné eut la rare fortune de représenter à lui seul la tête et le cœur du du pays: elle dira encore que la ville de Grenoble, qui fut la première à reprendre les aigles, fut encore la dernière à les défendre contre l'invasion.

Cependant pendant de longues années, rien, pas même une simple pierre ne rappela ce souvenir de tant de gloire, qui fait battre d'orgueil tous les cœurs vraiment français. En 1843, M. Rozet, ex-capitaine au corps royal d'état major, eut l'idée de faire graver sur une petite tablette de marbre noir les paroles prononcées par Napoléon à Laffrey; et le 31 août de la même année l'inscription fut scellée par le capitaine Rozet et M. Dérocle, aujourd'hui propriétaire à Sassenage, en présence de MM. Néroud, maire, Poncet, curé et de quelques autres encore. Seulement, pour qu'elle fût plus respectée, on la plaça, non pas à la Croix du Mandement, où l'Empereur avait découvert sa poitrine devant les baïonnettes du 5e de ligne, mais à l'angle du cimetière.

Honneur aux cœurs patriotiques qui ont ainsi conservé le culte des grandes choses et des grands souvenirs! Mais espérons qu'un jour un monument plus grandiose attestera la gloire du grand homme et le dévouement du Dauphiné.

L'Empire, le gouvernement le plus national peut-être qu'un peuple se soit jamais donné, n'est pas mort à Sainte-Hélène avec le martyr des Anglais. Il revit dans nos âmes; il revit dans nos espérances et dans les vœux de l'immense majorité des Français; il serait beau que le monument de Laffrey s'élevât splendide et impérissable, le jour où la souveraineté du peuple, achevant de remettre la pyramide sur sa base, couronnera dans la personne de LOUIS-NAPOLÉON-BONAPARTE, le sauveur de la France et l'héritier de l'Empereur.

AUGUSTE VITU.

FIN.

9 782012 478091